Citação do documento: Jones, A.M., and Ellis, J. (2012). My Life As A Plant. Rockville, Md.: American Society of Plant Biologists.

Endereço de correspondência com a ASPB, 15501 Monona Drive, Rockville MD 20855 USA. www.aspb.org.

Library of Congress Cataloging-in-Publication Data
LC control no.: 2012939279
LCCN permalink: http://lccn.loc.gov/2012939279
Tipo de material: Livro (Impressão, Microforma, Eletrónico, etc.)
Nome pessoal : Jones, Alan.
Título principal : My life as a plant / Alan Jones, Jane Ellis.
Edição : 1ª ed.
Publicado/Criado : Rockville, MD : American Society of Plant Biologists, 2012.
Descrição: p. cm.
ISBN: 978-0-943088-48-8 (papel alk.)

Tradutores: Santos, Ana Paula e Ricardo, Cândido Pinto.

Impresso nos Estados Unidos da América do Norte
Primeira impressão, Junho de 2012, Minuteman Press, Inc.

A Minha Vida de Planta

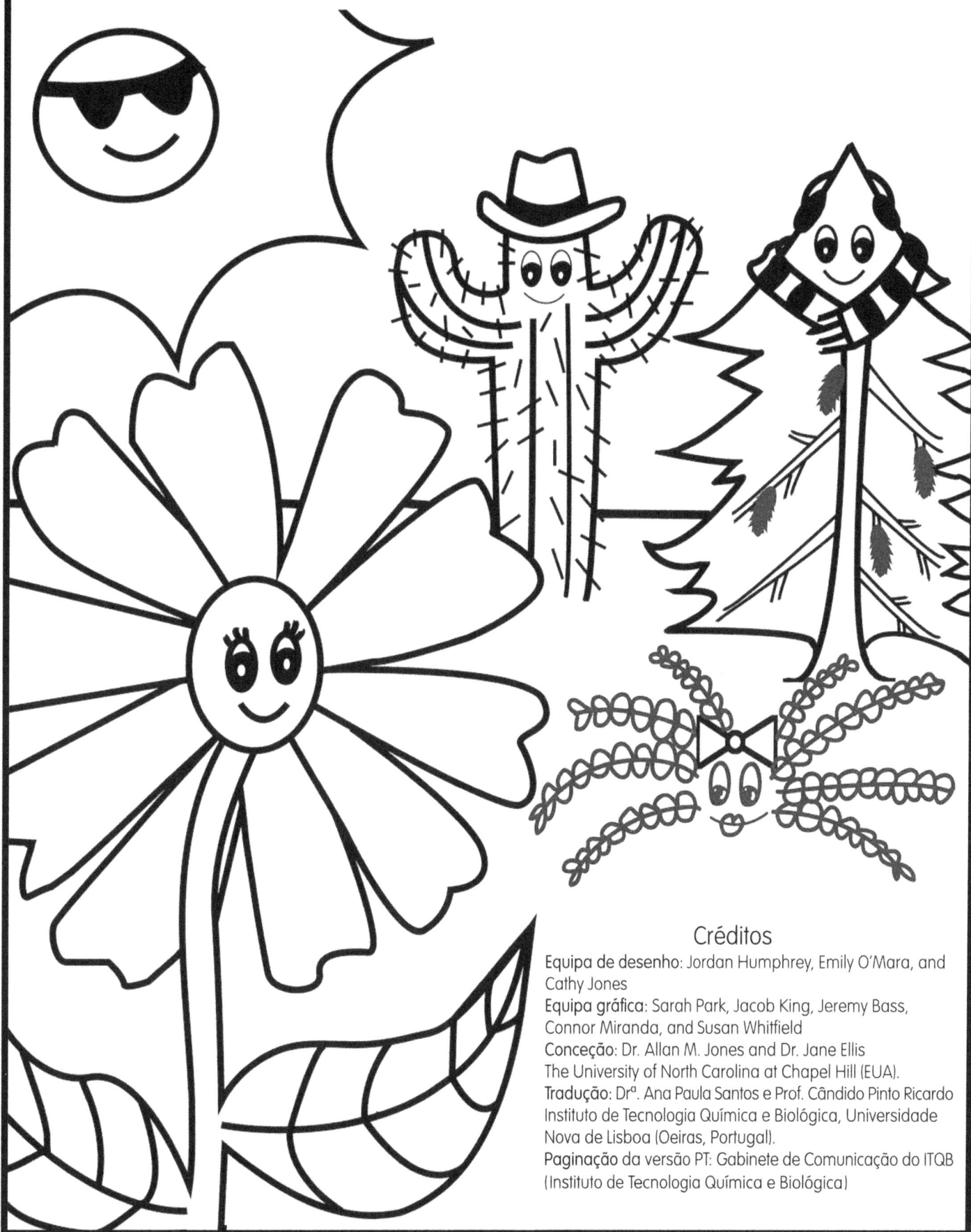

Créditos

Equipa de desenho: Jordan Humphrey, Emily O'Mara, and Cathy Jones

Equipa gráfica: Sarah Park, Jacob King, Jeremy Bass, Connor Miranda, and Susan Whitfield

Conceção: Dr. Allan M. Jones and Dr. Jane Ellis
The University of North Carolina at Chapel Hill (EUA).

Tradução: Drª. Ana Paula Santos e Prof. Cândido Pinto Ricardo
Instituto de Tecnologia Química e Biológica, Universidade Nova de Lisboa (Oeiras, Portugal).

Paginação da versão PT: Gabinete de Comunicação do ITQB (Instituto de Tecnologia Química e Biológica)

"Olá! O meu nome é Maria Malmequer!
As minhas raízes ficam ABAIXO do chão e as minhas folhas e caules ficam ACIMA, na direção do sol."

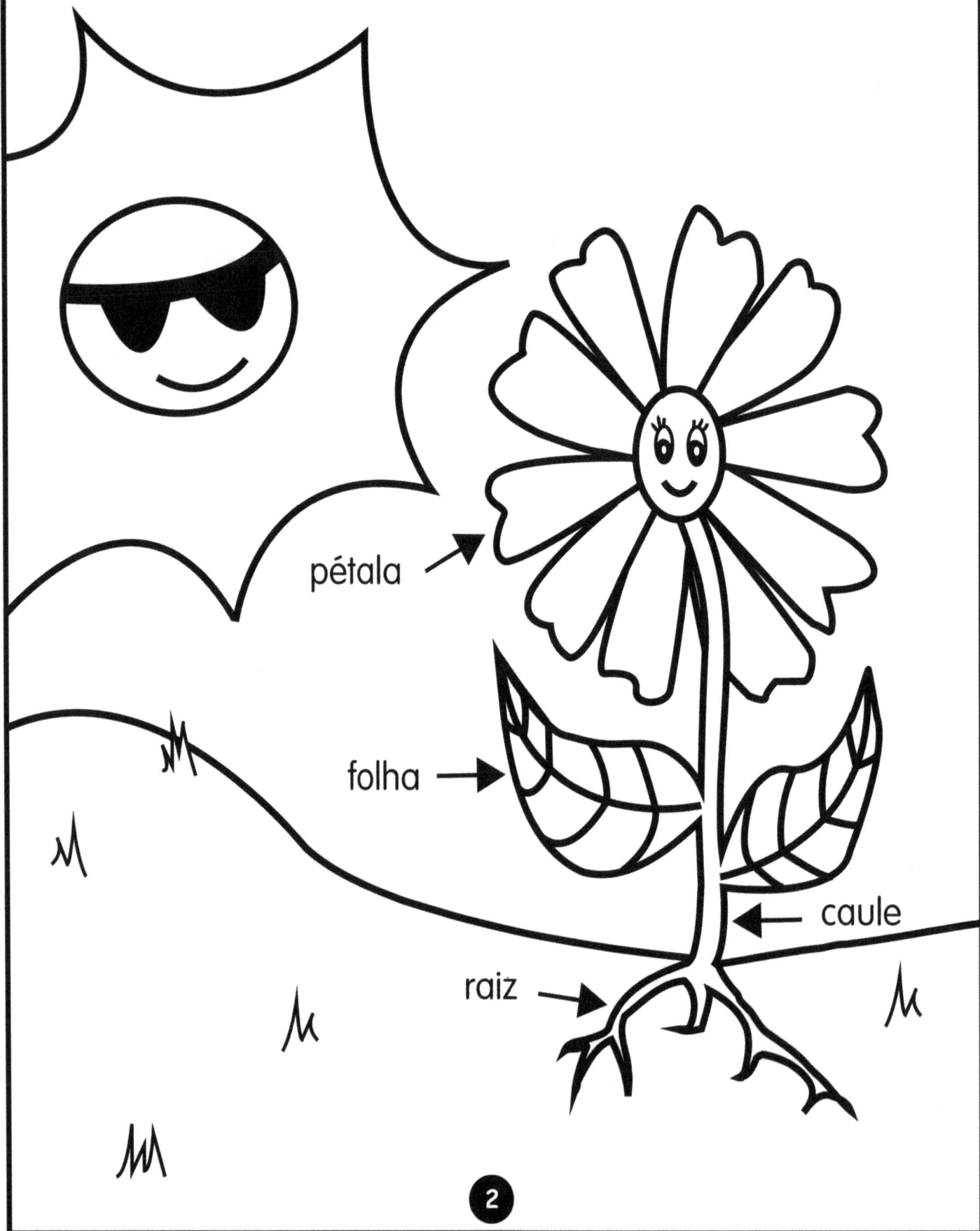

pétala

folha

caule

raiz

As plantas crescem das sementes, para cima, na direção do sol.

Ajuda a plantinha da figura (acabada de nascer) a encontrar o seu caminho para o sol.

"Eu preciso de alimento para crescer, tal como TU!"

"Mas eu uso energia do sol para fazer o alimento, com o dióxido de carbono (CO_2) do ar e com a água (H_2O)".

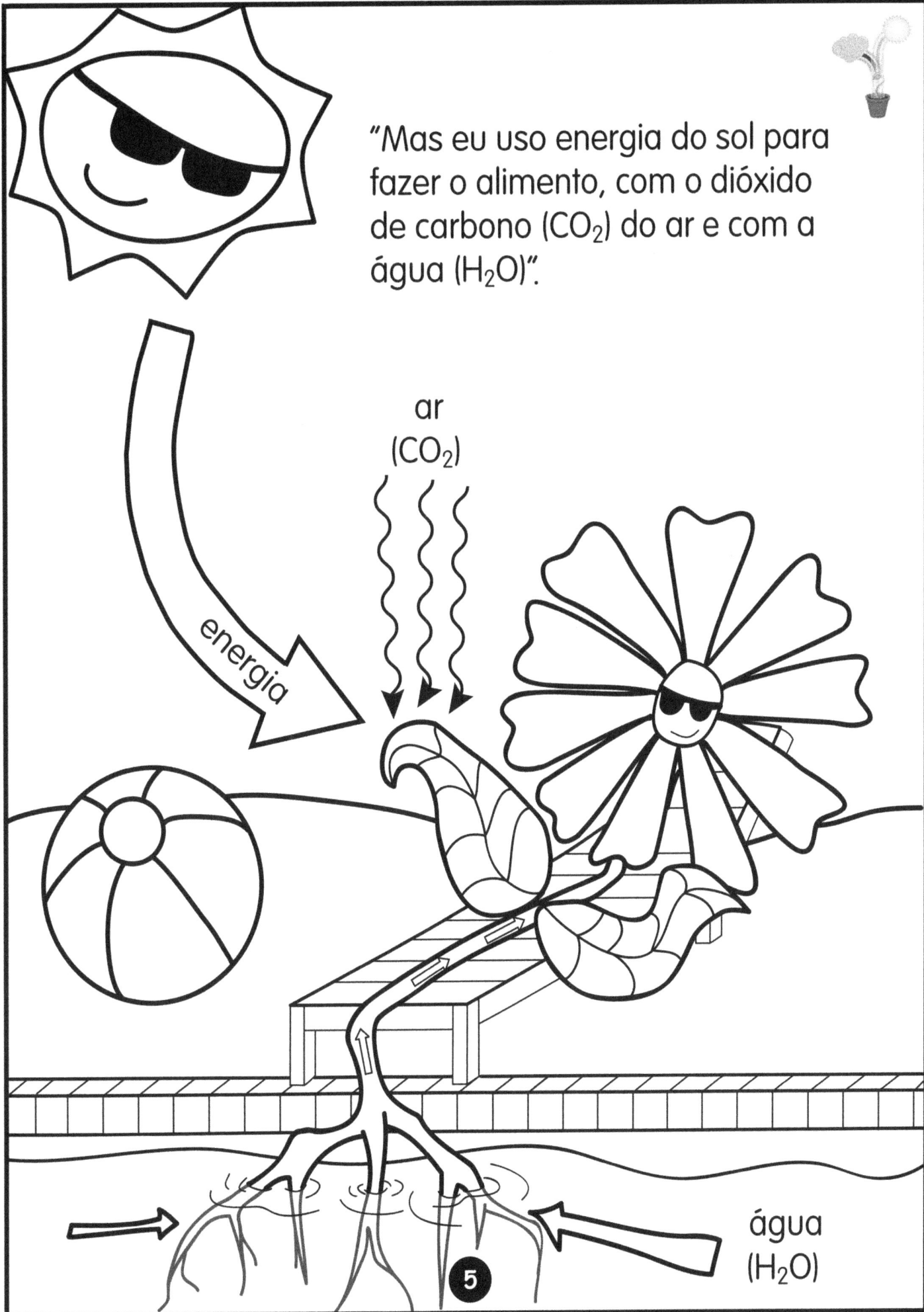

ar
(CO_2)

energia

água
(H_2O)

5

"Nós todos precisamos de alimento, mas preparamo-lo de modo diferente. Vamos comparar as nossas receitas."

Alimento da Maria Malmequer

Fotossíntese

- sol
- dióxido de carbono (CO_2)
- clorofila
- água (H_2O)
- minerais

Mistura bem, para obter açúcar e oxigénio.

Alimento das Pessoas

Biscoitos de Manteiga de Amendoim, Não-Cozinhados

- 8 quadrados de "golden grahams" esmigalhados
- ¼ de chávena de passas de uva
- ¼ de chávena de manteiga de amendoim
- 2 colheres de sopa de mel
- 4 colheres de sopa de coco ralado

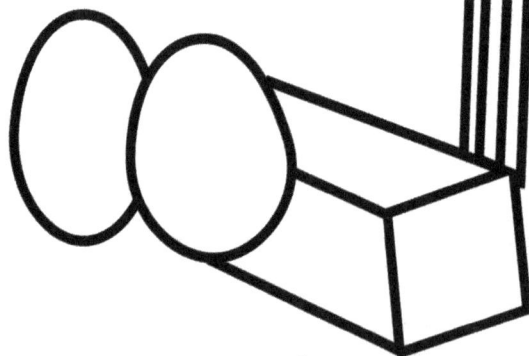

H_2O

Açúcar

"Uuhm ... parece delicioso. Vamos para a cozinha! Pede sempre ajuda a um crescido."

Biscoitos de Manteiga de Amendoim, Não-Cozinhados
Pede ajuda a um crescido

Adiciona numa pequena taça: "golden grahams" esmigalhados,

passas de uva,

manteiga de amendoim

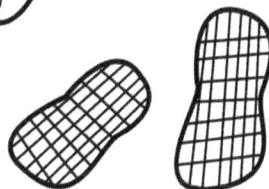

e mel.

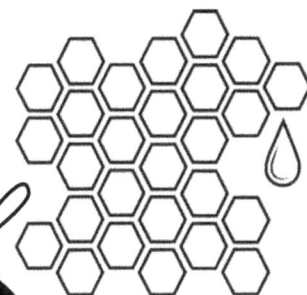

Mistura com uma colher.

Molda 8 biscoitos e pressiona ligeiramente em coco.

Coloca no frigorifico até ficar firme.

Sabias que todos os componentes destes biscoitos vêm das plantas?

7

"O sol ajuda-me a fazer o alimento de que necessito. Mas eu também preciso de oxigénio (O_2), água (H_2O) e minerais. Estas coisas ajudam-me a transformar o meu alimento em ENERGIA!"

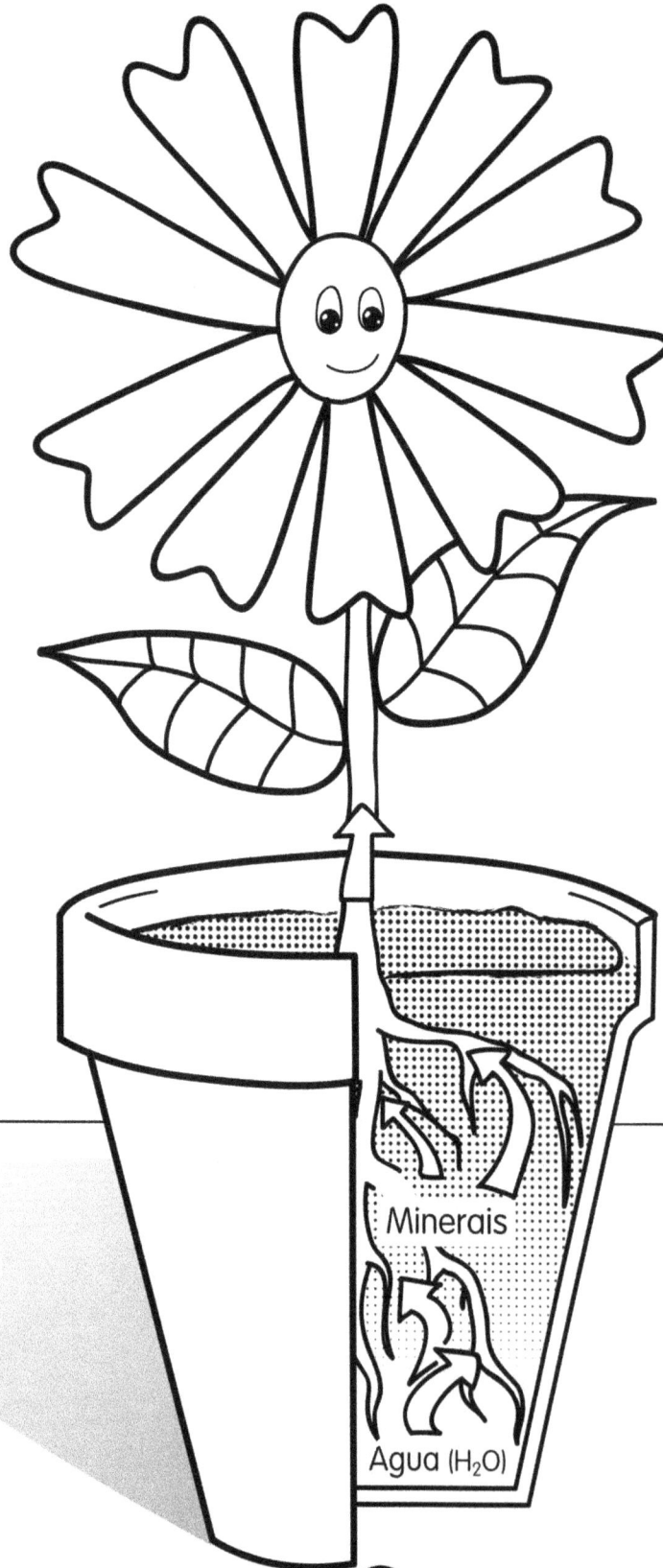

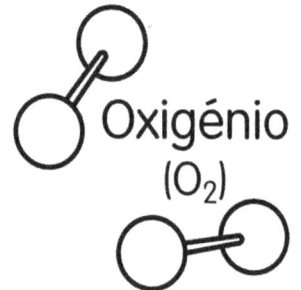

Oxigénio
(O_2)

Minerais

Água (H_2O)

As plantas ajudam a fazer o
ar de que necessitamos.

"Vocês, as pessoas, têm ossos. Eu tenho paredes celulares. Mantêm-nos fortes à medida que crescemos".

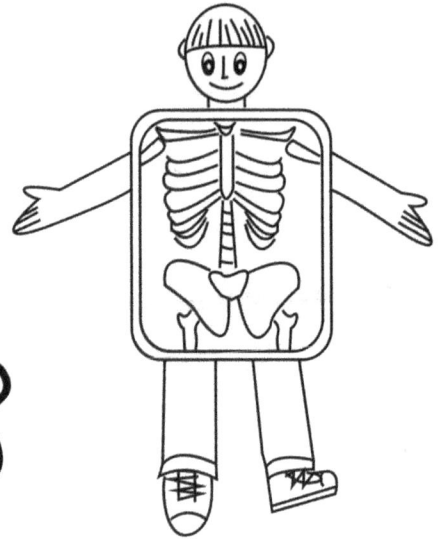

Pinta todas as células (C) de amarelo.

Liga os pontos (1 a 39) nas paredes celulares da Maria Malmequer.

Pinta todas as paredes celulares (W) de castanho.

Pinta todos os de verde. São chamados "cloroplastos" e são eles que dão a cor verde à Maria Malmequer.

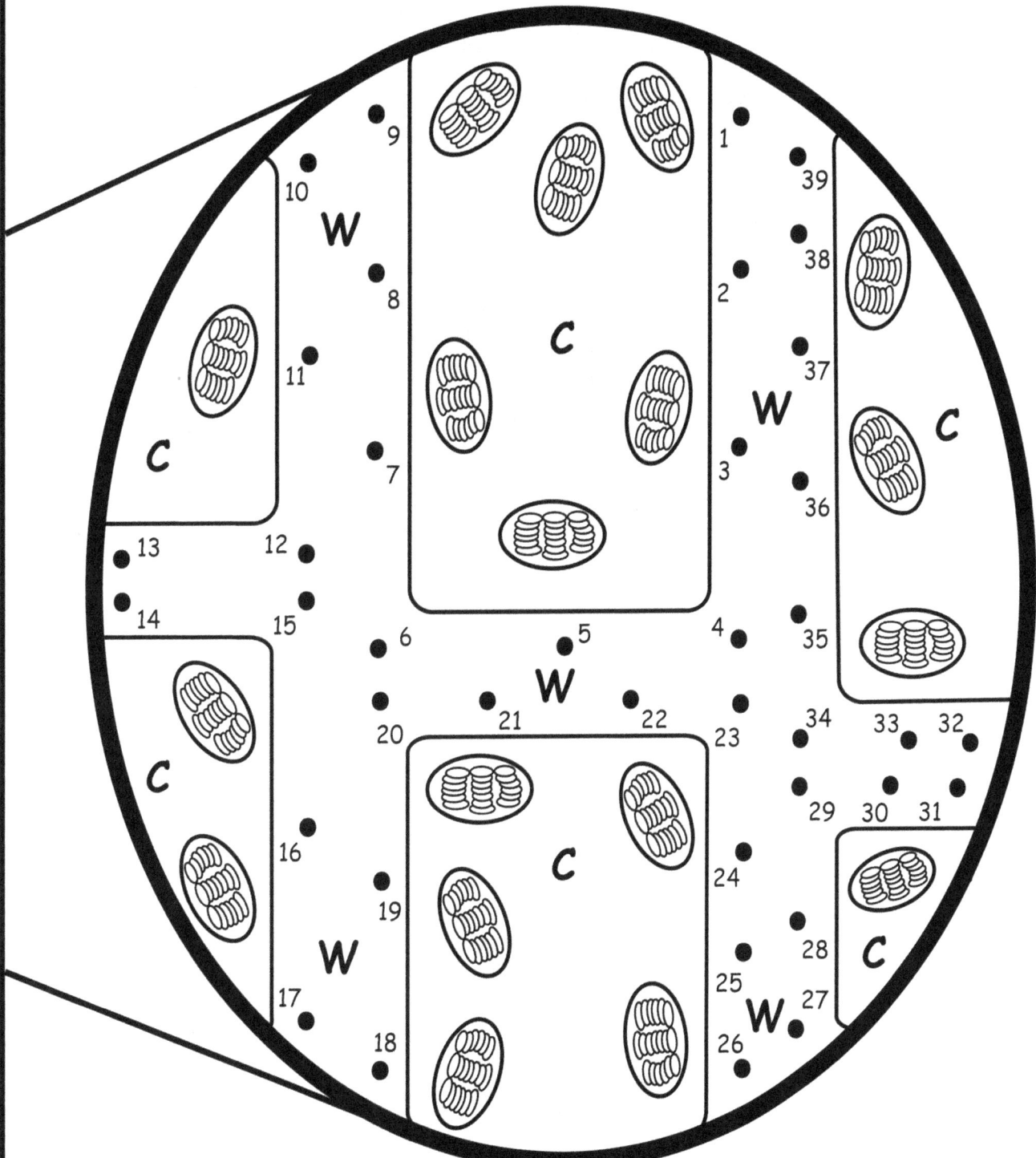

Conta as células amarelas _____

Conta os verdes _____

Vocês, as pessoas, quando vêm ao parque trazem um "spray" para afugentar os insetos. Eu consigo afugentá-los sem "spray"!

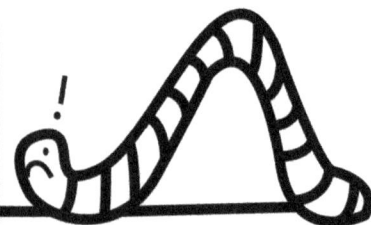

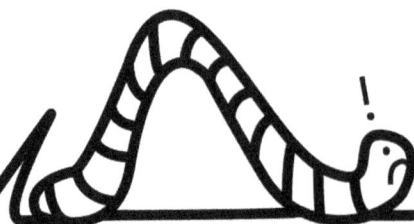

As plantas podem ficar aleijadas tal como as pessoas. Mas enquanto as plantas conseguem regenerar novas partes, as pessoas não. Desenha novas raízes na flor em baixo, cujas raízes foram cortadas pela pá. As flores também estão com um ar pálido. Por que não dar-lhes alguma cor com os teus lápis?

"Liga os pontos (de 1 a 33) para descobrires quem sou eu! Dá-me um pouco de cor."

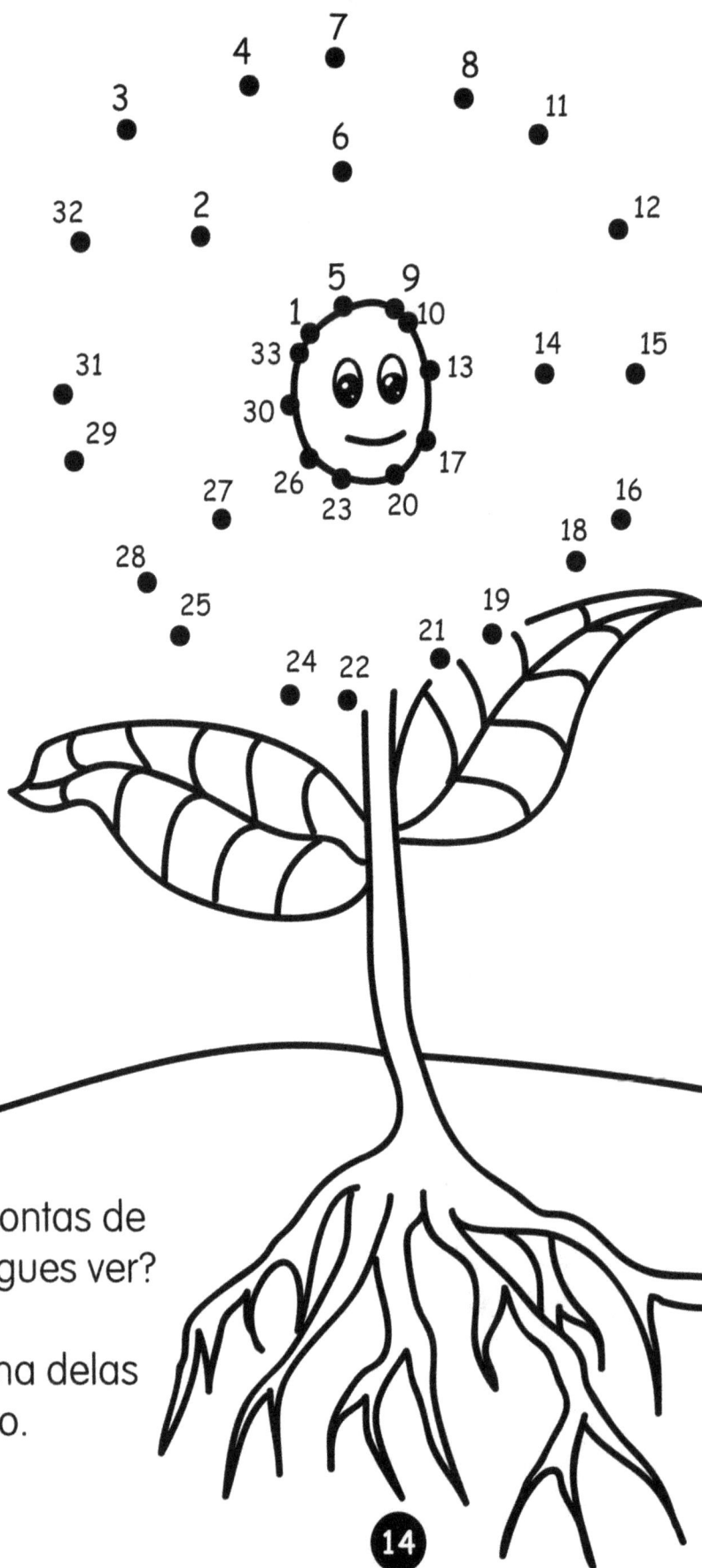

Quantas pontas de raiz consegues ver?

Envolve uma delas num círculo.

14

Consegues encontrar as partes da planta?

Liga, com traços, os nomes às respetivas partes da Maria Malmequer

1. Pétalas

2. Sementes

3. Caule

4. Raízes

Este é o álbum de família da Maria.
"Eu venho de uma família muito antiga. A minha família evoluiu muito ao longo do tempo. Isso é afinal, a razão de ser quem sou!"

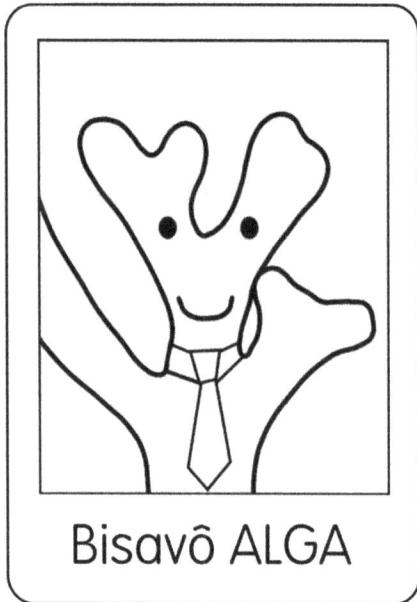

Bisavô ALGA

Avô MUSGO

Eu!

"Agora, conta-me sobre a tua família! Podes desenhar também o teu álbum de família?"

Mãe

Pai

Escreve aqui o teu nome

Os teus olhos são mais parecidos com os da tua mãe ou com os do teu pai?

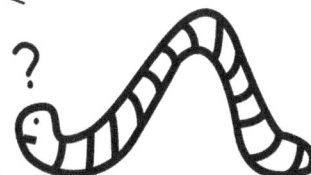

"Os meus amigos têm muitas formas e tamanhos diferentes."

Agora, vai investigar!
Desenha e pinta o que observas!

Procura folhas com formas e tamanhos diferentes.

Procura plantas e animais que vivam juntos.

"Olá! Eu sou o Abeto Abel. Vivo nas montanhas. Conservo as minhas folhas em forma de agulhas todo o ano. Os abetos bebés nascem quando as sementes (guardadas dentro das pinhas durante algum tempo) caírem no chão."

"Quem me dera saber quantos bebés abetos irão nascer ao lado do Abel?"

"Olá! Eu sou o Feto Fernando.
Vivo em sítios sombrios debaixo de árvores."

"Olá! Eu sou o Cato Carlitos.
Vivo no deserto que é muito quente e seco."

Podes fazer a correspondência entre cada planta e o local onde habita?

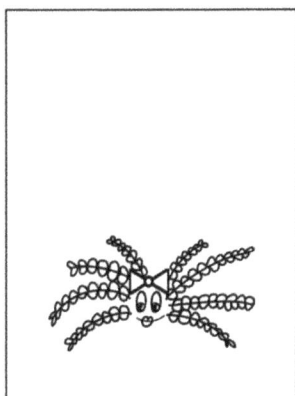

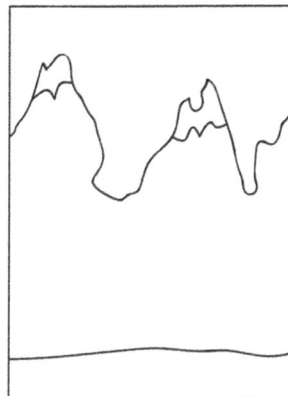

"Todas estas atividades e brincadeiras fizeram-me sede! O melhor é beber um pouco de água (H_2O) e respirar profundamente!"

As tubagens das plantas

O que precisas:

- 1 caneca (pesada para que não tombe)
- 1 talo de aipo
- corante alimentar

1. Enche metade da caneca com àgua.
2. Adiciona 4 gotas de corante alimentar e agita.
3. Corta transversalmente a extremidade inferior do talo de aipo.
4. Coloca a extremidade cortada do talo de aipo na àgua.
5. O que irá acontecer ao aipo? Desenha o que pensas que irá acontecer.
6. Observa o que acontece. Verifica a cada 6 horas.
7. O que observas agora? Faz um desenho.
8. Faz um corte longitudinal por forma a abrir o talo. O que observas no interior? Desenha o que observas.

Repete a experiência com outras plantas que tenham caules longos. Regista as semelhanças e diferenças que observas.

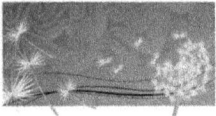

"A minha amiga Abelha Alice ajuda-me a espalhar o pólen. Ela trabalha arduamente! Eu gosto muito de partilhar o meu doce néctar com a Alice."

Conduz a Abelha Alice até à colmeia de forma a recolher o pólen de todas as plantas que encontrarem no caminho!

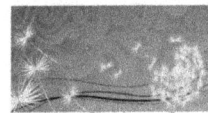

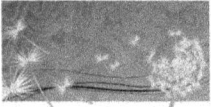

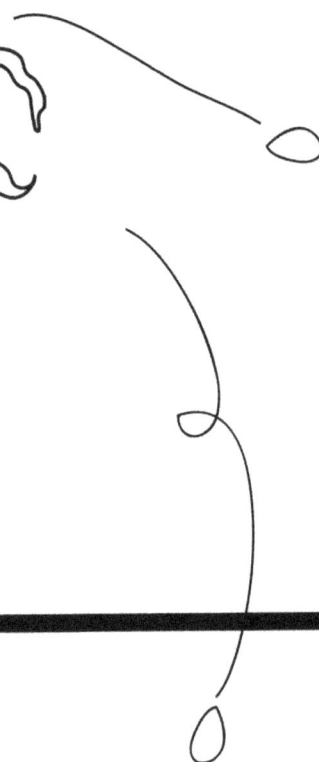
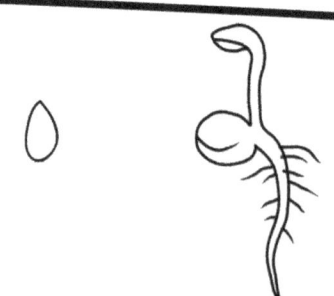

28

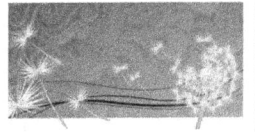
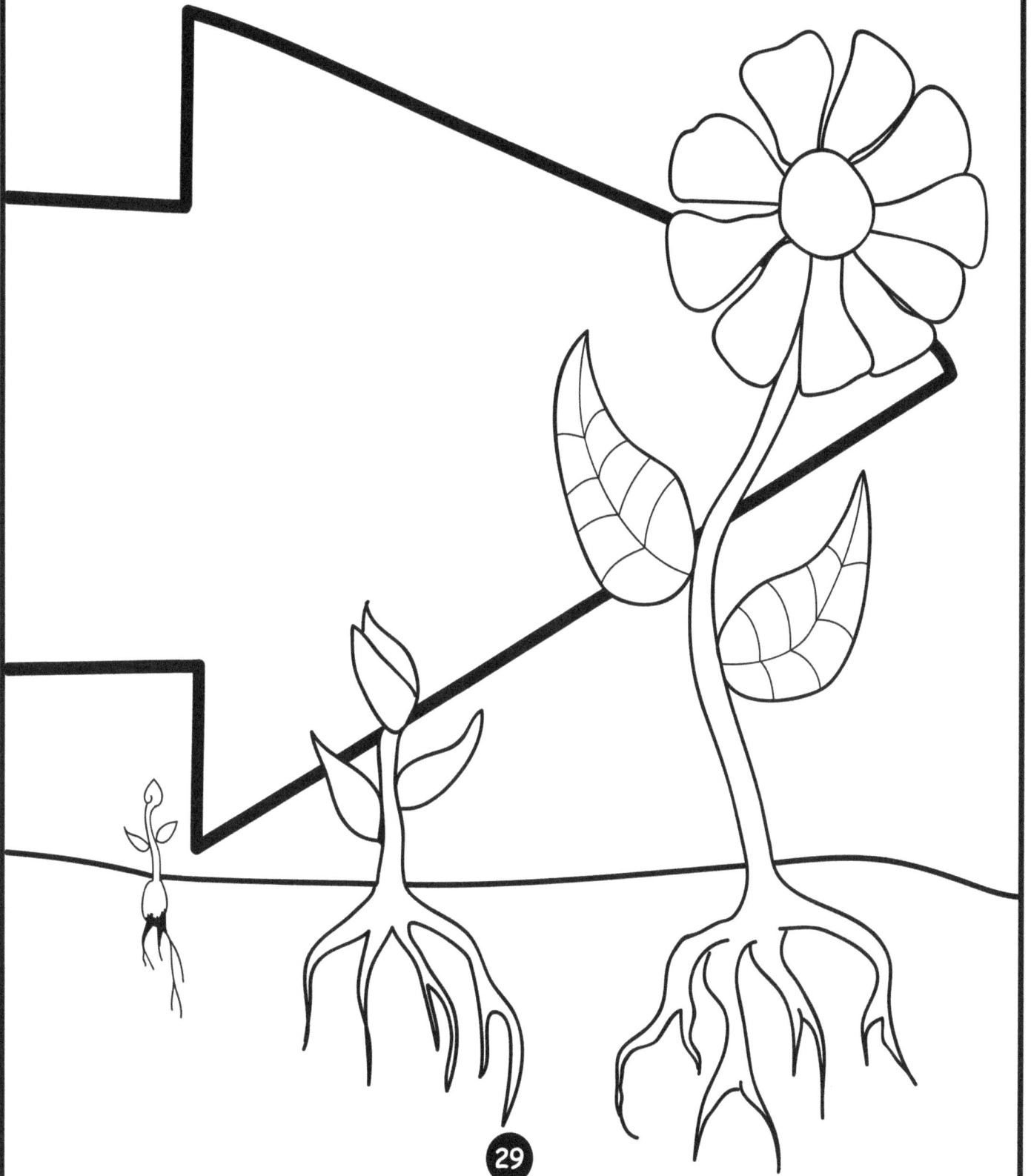

As folhas de Outono

No Outono, as folhas vão perdendo a clorofila
A cor verde desvanece-se e vão aparecendo novas cores.
Pinta as folhas com as cores de Outono.

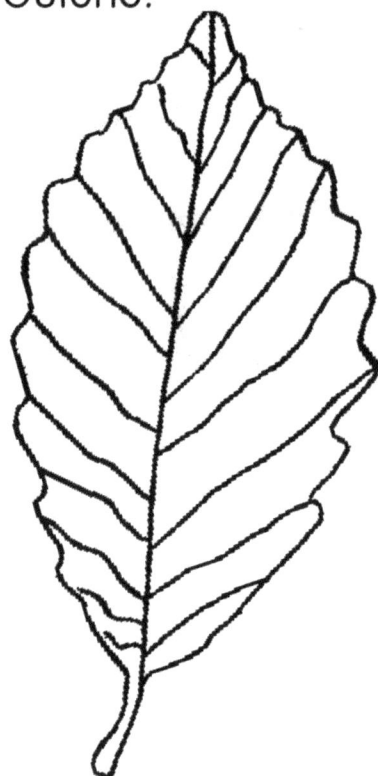

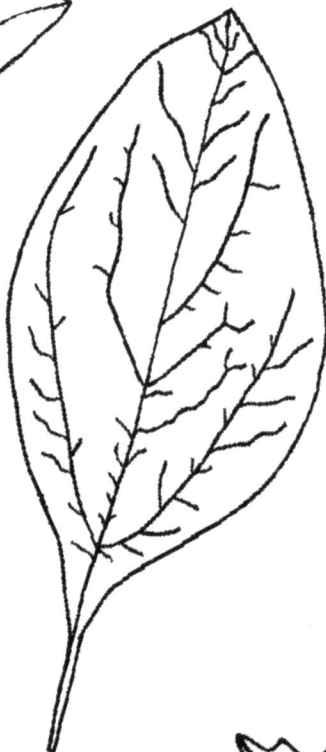

Há tantas coisas feitas de plantas.

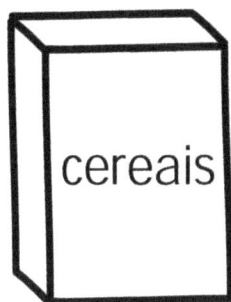

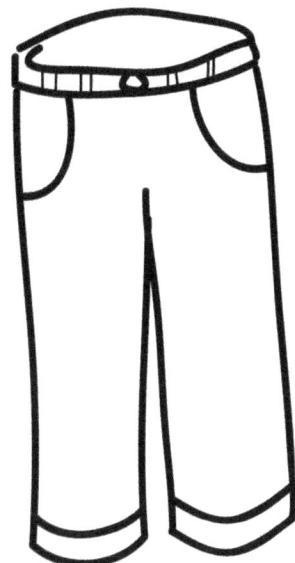

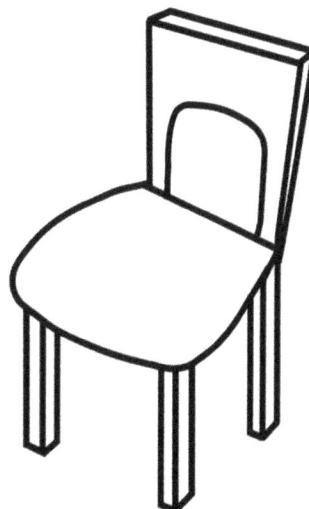

cereais

Envolve com um círculo o que é produzido a partir de plantas.

Atividade de Pintura com Plantas

Faz com a ajuda de um crescido

O que precisas:
- Uma variedade de vegetais coloridos, frutos, flores e especiarias, tais como, mirtilos (frescos ou congelados), cenouras, café (café instantâneo serve perfeitamente), mostarda, folhas verdes (alface, espinafre), pó de caril e outros produtos que queiras experimentar
- Pequenos recipientes
- Pincéis ou cotonetes, para pintar
- Água
- Opcional: sumo de limão e fermento em pó

Instruções:
Em recipientes distintos coloca pequenas quantidades de materiais vegetais moídos ou liquefeitos e junta uma pequena quantidade de água. Mistura até formar um líquido espesso que possa ser usado para pintar. Alguns materiais necessitam de ser cortados em pequenos pedaços, moídos e esmagados, e será necessário adicionar-lhes um pouco de água. Estão neste caso os mirtilos, as cenouras, os pimentos encarnados e a alface/espinafre. Uma vez os materiais moídos, o líquido pode ser separado por filtração através de filtros de café. A alface pode ser usada para produzir uma bonita cor verde no papel, colocando um pedaço da alface sobre a área a colorir, prensar e esfregar com uma moeda (por exemplo de 20 cêntimos). Deste modo, a cor verde será transferida para o papel. Os mirtilos e muitos outros frutos azuis, vegetais e flores mudam de cor em condições de acidez ou de alcalinidade. Se adicionares umas gotas de vinagre (meio-ácido) a um pouco de líquido de mirtilos ele mudará de cor para rosa. Mas se tivesses juntado um pouco de pó de fermento dissolvido em água (meio alcalino) o líquido dos mirtilos teria adquirido uma linda cor púrpura. Tu podes usar estes mesmos líquidos para "tingir" materiais como tecidos, fibras ou ovos cozidos.

Faz com a ajuda de um crescido

Mais Atividades!

Alimenta os teus Vegetais.

Pede ajuda.

O que precisas:

- algumas sementes de feijão
- 2 pequenos vasos para fazer as sementeiras
- areia
- água
- fertilizante líquido

Põe de molho em água, durante a noite, 6 feijões. Enche cada um dos vasos com areia molhada e coloca 3 feijões embebidos, em cada um deles, enterrando-os um pouco e cobrindo-os com areia. Põe os vasos no parapeito interior da janela e observa-os todos os dias, certificando-te de que não ficam secos. Assim que vires que as plantas estão a nascer, adiciona fertilizante a um dos vasos. Para saberes qual a quantidade de fertilizante que deves deitar lê com atenção as instruções impressas no frasco do fertilizante. Não adiciones fertilizante ao outro vaso. Ao fim de 3-4 semanas, tira com cuidado as plantinhas, da areia, e desenha-as nos espaços em baixo, na folha. Qual a diferença de crescimento entre elas?

Plantas com fertilizante:

Plantas sem fertilizante:

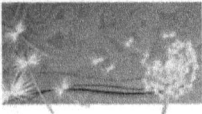

Mais Atividades!

Como as Plantas Originam mais Plantas!

Pede ajuda.

Faz com a ajuda de um crescido

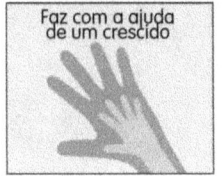

O que precisas:
- sementes de feijão, de girassol ou pevides de abóbora
  (não podem ser as que foram torradas para comer!)

- água

- pequenos vasos

- solo

Põe de molho em água feijões, durante cerca de uma hora. Com a ajuda dos teus pais pega num feijão, tira-lhe a casca, abre os 2 grandes cotilédones e observa no seu interior a planta bebé, procurando detetar as pequenas folhas e as raízes. Põe de molho, durante a noite, 6-8 sementes de feijão ou das outras duas espécies. Coloca as sementes embebidas, nos vasos previamente cheios de solo húmido, cobrindo-as com um pouco do solo. Coloca os vasos no parapeito interior da janela, mantendo-os húmidos, e observa as plantas a crescer dia a dia! Também podes colocar uma pequena cenoura (ou apenas a sua metade superior) num pires com um pouco de água. Certifica-te de que o pires nunca seque e observa que ao fim de algum tempo há folhas que se desenvolvem no topo da cenoura e que não tiveram, pois, origem numa semente!

Em que Direção Crescer?

Pede ajuda.

O que precisas:
- feijões ou outras sementes
- pequenos vasos para fazer as sementeiras
- solo
- água

Embeber 6-8 sementes, em água, durante a noite. Encher 2 vasos com solo humedecido. Semear 3-4 sementes embebidas, em cada um dos vasos, cobrindo-as apenas com uma pequena camada de terra. Colocar os vasos no parapeito interior da janela e observá-los diariamente, assegurando-se que a terra não seque. Quando as plantas tiverem cerca de 15 centímetros de altura, deitar cuidadosamente um dos vasos, mantendo o outro de pé. O que pensas irá acontecer às plantas? Acompanha as alterações durante uma semana. Ao fim de 10 dias, retira cuidadosamente as plantas dos dois vasos e lava-as bem do solo. O que aconteceu a cada um dos grupos de plantas? Coloca-as em cima de papel, desenha e pinta-as na página seguinte. O que pensas que causou as alterações de crescimento que observaste? Utiliza novamente os mesmos vasos para uma nova sementeira, mas agora mantém um à luz e coloca o outro às escuras. O que pensas que irá acontecerá às plantas colocadas no escuro? Retira o vaso colocado no escuro apenas ao fim de 10 dias. O que observas de diferente nas plantas que estiveram a crescer no escuro?

Desenha e pinta as tuas plantas aqui.

Professores e Pais

Este livro de atividades foi produzido com o apoio da Sociedade Americana de Biólogos que estudam Plantas (ASPB) com a finalidade de ser acessível aos estudantes mais jovens.

A ASPB pretende ajudar todos os cidadãos a perspectivar a importância, relevância e beleza das plantas na nossa vida quotidiana.

Este livro abrange os 12 Princípios da Biologia Vegetal desenvolvidos pela Fundação para a Educação da ASPB (ver contra capa) de uma forma que os mais jovens, os que ainda não sabem ler ou que começam a dar os primeiros passos na leitura, possam entender e apreciar.

Pretende-se possibilitar, de modo divertido a aprendizagem da anatomia, fisiologia, ecologia e evolução das plantas.

Para solicitar cópias deste livro (versão original) e/ou para saber da possibilidade de contactar cientistas que estudam plantas, escreva para info@aspb.org.

Estão disponíveis recursos educativos adicionais que podem ser consultados na página www.aspb.org/education.

A versão portuguesa está disponivel em www.spfv.pt

Para mais informações contactar sci@itqb.unl.pt